AF495065

NOTE MINISTÉRIELLE

DU 1er AOUT 1895

RELATIVE AUX

MODIFICATIONS A APPORTER AUX INSTRUCTIONS

SUR LA

TENUE DE LA COMPTABILITÉ MENSUELLE

DES DÉPENSES ENGAGÉES DES SERVICES ADMINISTRATIFS

(Extrait du *Journal militaire*, 2e sem. 1895, n° 24.)

PARIS
LIBRAIRIE MILITAIRE DE L. BAUDOIN
IMPRIMEUR-ÉDITEUR
30, Rue et Passage Dauphine, 30

1895

NOTE MINISTERIELLE

DU 1er AOUT 1895

relative aux Modifications à apporter aux Instructions sur la Tenue de la Comptabilité mensuelle des Dépenses engagées des Services administratifs.

La comparaison des résultats accusés par la comptabilité des dépenses engagées avec ceux des revues trimestrielles de liquidation a fait ressortir, pour une même période, des différences relativement considérables, notamment en ce qui concerne les services de la solde et de l'indemnité représentative de viande fraîche.

D'autre part, l'administration centrale de la guerre doit produire à celle des finances, mensuellement ou trimestriellement, la situation des dépenses engagées, à des époques périodiques qui exigent la production, dans un court délai, des états relatifs à la comptabilité des dépenses engagées des services administratifs.

Dans le but d'obtenir des renseignements plus complets et en même temps plus exacts, le Ministre a arrêté les modifications suivantes aux instructions déjà publiées sur la tenue de ladite comptabilité :

I. — *Instructions du 14 mai 1893, concernant les services de la solde, de l'indemnité de route, des missions et des subsistances.*

1° Service de la solde.

L'état trimestriel (modèle n° 1) des journées de solde de présence et de solde d'absence des officiers est rendu mensuel. Il sera adressé au directeur du service de l'intendance le 10 de chaque mois, au plus tard, pour le mois précédent, et, par suite, l'état récapitulatif (modèle n° 2), qui est également rendu mensuel, devra parvenir au Ministre le 15 du même mois, accompagné des états n° 1, qui en sont les éléments.

L'état modèle n° 3 sera fourni, le 7 de chaque mois, au directeur du service de l'intendance, qui devra établir l'état récapitulatif n° 5 de manière qu'il parvienne au Ministre le 12 du même mois, terme de rigueur, accompagné des états modèle n° 3.

Les états nos 3 et 5 feront ressortir, en un seul chiffre, le montant des allocations spéciales aux militaires français rengagés ou commissionnés, comprises dans les dépenses du mois, au titre du service de la solde.

Ils présenteront également, pour la troupe, le détail et la totalisation des journées de solde et d'indemnités représentatives réalisées : 1° pendant le dernier mois (compte tenu de la rectification des chiffres accusés pour les mois antérieurs) ; et 2° pendant les mois antérieurs.

Les états trimestriels n° 3 *bis*, fournis par les Ecoles militaires, sont rendus mensuels et devront parvenir au directeur du service de l'intendance, dans les mêmes conditions que les états n° 3.

Afin d'assurer l'établissement et la transmission desdits états aux dates susindiquées, on se conformera aux dispositions suivantes :

Les situations administratives qui font l'objet des articles 94 et suivants du règlement du 29 mai 1890 seront établies par les corps ou les unités détachées, et vérifiées ensuite par les sous-intendants militaires, dans le plus court délai possible, notamment en ce qui concerne les derniers jours du mois, et les résultats de ces situations seront inscrits, au fur et à mesure, sur le relevé modèle n° 4 de l'instruction du 14 mai 1893 précitée, ledit relevé étant d'ailleurs la reproduction des tableaux n°s 3 et 4 des feuilles de journées.

Dans les corps où les éléments à porter sur l'état n° 3 des dépenses engagées feraient défaut pour certaines fractions détachées qui n'auraient pu produire, en temps utile, leurs situations journalières ou de dizaine, les journées et les dépenses concernant ces fractions seront évaluées et inscrites d'office sur les états n° 3, qui devront toujours être envoyés au directeur du service de l'intendance, le 7 de chaque mois, comme il est ci-dessus prescrit.

Toutefois, dès que les renseignements definitifs seront parvenus à la portion centrale, le conseil d'administration en fera le rapprochement avec les évaluations correspondantes et déterminera ainsi la différence en augmentation ou en diminution qui devra être portée sur le plus prochain état n° 3 à produire.

En outre, à la fin de chaque trimestre, et aussitôt que la première partie de la revue de liquidation aura pu être arrêtée, les corps de troupe compareront les chiffres accusés par les états n°s 1 et 3 du même trimestre avec ceux qui figurent sur la revue, au tableau n° 5 pour les journées de solde et indemnités diverses (troupe), au tableau n° 8 pour les journées de solde des officiers, et au tableau n° 7 pour les droits constatés.

Les différences qui pourraient résulter de cette comparaison, laquelle fait l'objet de la troisième partie de l'état n° 3, devraient être portées également en augmentation ou en diminution, selon le cas, sur les premiers états n°s 1 et 3 à établir.

Cette manière de procéder consiste, en résumé, à opérer, mois par mois, le redressement des évaluations antérieures, et, en outre, la rectification des erreurs qui auraient pu se glisser dans les états des mois précédents.

Elle doit avoir pour résultat de présenter, lors de l'établissement des états nos 1 et 3 du mois de décembre, une certitude complète sur les nombres afférents aux onze pemiers mois de l'année.

Quant au mois de decembre, le redressement des évaluations faites le 7 janvier sera effectué aussitôt que les renseignements définitifs auront été produits par les détachements à la portion centrale.

Dès lors, et sans attendre que la première partie de la revue du 4e trimestre ait pu être dressée, les corps signaleront les résultats rectifiés du mois de décembre sur de nouveaux états nos 1 et 3 qui seront adressés le 1er février au directeur du service de l'intendance, de manière que les états récapitulatifs nos 2 et 5 correspondants parviennent au Ministre le 10 février, terme de rigueur.

Les états nos 1 et 3 à fournir le 1er février reproduiraient purement et simplement, pour le mois de décembre, les premiers résultats accusés par les corps qui n'auraient aucune modification à signaler.

Cependant il ne sera pas établi, pour le mois de décembre, de nouveaux états récapitulatifs au titre des chapitres de la solde dont les premiers états n'auraient donné lieu à aucune rectification ; ces chapitres devront, toutefois, être signalés par le directeur du service de l'intendance sur le bordereau portant envoi au Ministre des états concernant les chapitres rectifiés.

2° Service des subsistances militaires.

Les états ou relevés mensuels :

Modèle no 7 (No 353 de la nomenclature);
— 8 (No 353 A);
— 14 (No 355 A);

produits par application des dispositions de l'instruction du 14 mai 1893 sur la comptabilité des dépenses engagées et de la dépêche collective du 10 février 1894, no 1346, ont été complétés par l'indication du décompte, par nature de denrées, des quantités distribuées ou cédées à charge de remboursement.

L'état modèle no 7 (353) et le relevé modèle no 8 (353 A) devront parvenir, savoir : le premier, au directeur du service de l'intendance le 7 de chaque mois ; le second, au Ministre, le 12 au plus tard, pour le mois précédent.

Il appartiendra aux sous-intendants militaires de prendre des mesures pour que les renseignements qui doivent leur être adressés au moyen de l'état modèle no 14 (355 A), par les comptables et les entrepreneurs, leur parviennent en temps utile.

Afin de faciliter aux entrepreneurs de fournitures à la ration l'établissement de l'état modèle no 14, le registre dont la tenue leur est prescrite par l'article 16 des cahiers des charges des vivres et des fourrages devra faire ressortir distinctement, d'une part, les quantités de denrées distribuées à titre réglementaire, et, d'autre part, celles distribuées ou cédées à titre onéreux et dont ils ne sont pas remboursés directement par les parties prenantes. Ce registre sera totalisé mensuellement et les résultats en seront reportés sur l'état modèle nº 14 susmentionné.

Les fonctionnaires de l'intendance devront s'assurer que les inscriptions portées sur ledit registre sont faites régulièrement et sont conformes aux bons partiels et mandats d'étape délivrés aux entrepreneurs par les parties prenantes intéressées.

Si, en raison de l'éloignement de certains corps ou détachements, les renseignements nécessaires n'étaient pas parvenus en temps utile au sous-intendant militaire, ce fonctionnaire évaluerait, aussi approximativement que possible, la dépense probable dont les éléments lui feraient défaut, de manière à pouvoir fournir au directeur du service de l'intendance, dans le délai susindiqué, l'état modèle nº 7.

Lors de l'établissement de l'état du mois suivant, il serait tenu compte des rectifications en plus ou en moins qui auraient été reconnues devoir être apportées à la situation précédemment produite.

En outre, lorsque les bordereaux particuliers des comptables et des entrepreneurs seront établis, leurs résultats seront respectivement comparés par les sous-intendants militaires à ceux accusés pour la période correspondante par les états modèles nos 7 et 14. Des augmentations ou des diminutions seront faites, s'il y a lieu, sur les premiers états à produire.

Une comparaison analogue sera faite par le directeur du service de l'intendance entre les résultats accusés trimestriellement par les bordereaux généraux des distributions et les relevés modèle nº 8.

Le dernier relevé devra être adressé au Ministre, le 12 mars au plus tard, pour l'exercice précédent.

Les anciennes formules 353, 353 A et 355 A, seront utilisées jusqu'à leur épuisement. Toutefois, elles devront être appuyées d'un décompte indiquant la totalité des quantités de denrées distribuées ou cédées à titre remboursable depuis le commencement de l'année jusqu'au dernier jour du mois. Ce décompte sera établi sur la formule nº 281 *bis* de la nomenclature « Fournitures remboursables ».

II. — *Circulaire du* 30 *mars* 1893, *relative à la comptabilité des dépenses engagées du service de l'habillement et du campement.*

Les états nº 18 devront être adressés au directeur du service de l'intendance dans les premiers jours du mois, pour le mois précédent, et assez tôt pour que l'état récapitulatif nº 19 puisse parvenir au Ministre le 12 de chaque mois, au plus tard.

La rectification des états n° 18 sera effectuée, mois par mois, conformément aux règles ci-dessus tracées pour le service de la solde et par suite les résultats définitifs du mois de décembre, dès qu'ils seront connus, feront l'objet de nouveaux états nos 18 et 19, celui-ci devant parvenir au Ministre le 10 février, en même temps que les derniers états récapitulatifs nos 2 et 5 concernant le service de la solde.

III. — *Circulaire imprimée du* 10 *mai* 1893, *n°* 715, *relative aux services des convois et des transports.*

Les relevés modèles F^1 et F^2 établis les 10 avril, 10 juillet et 10 octobre, devront relater la dépense à engager jusqu'en fin d'exercice sous les rubriques désignées ci-après :

Relevé F^1 : Transport des troupes destinées aux garnisons des îles et forts en mer.

Relevé F^2 : Dépenses du service des arabas;
Transport de matériel aux îles et forts en mer;
Entretien des mulets des compagnies d'infanterie montée;
Dépenses diverses;
Frais de ravitaillement des troupes chargées de la surveillance de l'Extrême-Sud de l'Algérie.

IV. — *Imprimés.*

Les formules actuellement en usage pour la tenue de la comptabilité des dépenses engagées seront modifiées à la main, en attendant qu'elles puissent l'être définitivement par un nouveau tirage.

Ces modifications sont, pour la plupart, d'ordre secondaire; en ce qui concerne les formules nos 58, 59, 61, 62, 63, 353, 353 A et 355 A de la nomenclature, elles seront effectuées conformément aux nouveaux modèles ci-annexés.

V. — *Dispositions finales.*

Le Ministre attache une grande importance à l'exactitude des chiffres accusés par la comptabilité des dépenses engagées, et il appelle particulièrement sur ce point l'attention de MM. les directeurs du service de l'intendance, chargés d'assurer l'exécution des présentes dispositions, qui seront appliquées pour les dépenses du mois de septembre 1895.

Les états nos 3, 3 *bis* et 5, à produire pour ce mois, au titre de la solde, devront exceptionnellement faire ressortir le montant des dépenses spéciales aux militaires français rengagés ou commissionnés, réalisées du 1er janvier au 30 septembre 1895.

MINISTÈRE
DE LA GUERRE.

° CORPS D'ARMÉE.

PLACE d

(1) Désigner le corps de troupe et, pour les officiers et employés militaires, la catégorie à laquelle ils appartiennent.
(2) Et employés militaires quand il y a lieu.

COMPTABILITÉ
DES DÉPENSES ENGAGÉES.

EXERCICE 189 .

1re SECTION DU BUDGET.
CHAPITRE . — ARTICLE .

SOLDE D

MODÈLE N° 1
de l'Instruction
du 14 mai 1893.

NOTA. — Cet état, qui doit parvenir au Directeur du service de l'Intendance le 10 de chaque mois pour le mois précédent, est établi, savoir : par les sous-intendants militaires pour les officiers sans troupe et les employés militaires ; par les corps de troupe pour les officiers qui en font partie.
Les états établis par les corps de troupe sont vérifiés par le sous-intendant militaire.

MOIS D 189 .

(1)

ÉTAT

des journées de solde de présence et de solde d'absence des officiers,
(2) *réalisées pendant le mois d* 189 .

DÉSIGNATION DES GRADES OU EMPLOIS.	NOMBRE DE JOURNÉES de solde		OBSERVATIONS.
	de présence.	d'absence.	

DÉSIGNATION DES GRADES OU EMPLOIS.	NOMBRE DE JOURNÉES de solde		OBSERVATIONS.
	de présence.	d'absence.	
TOTAL pour le dernier mois.........			
REPORT des mois antérieurs........			
ENSEMBLE..............			

DÉSIGNATION DES GRADES.	NOMBRE DE JOURNÉES de présence		OBSERVATIONS.
	Réserve.	Armée territoriale.	
RÉSERVE ET ARMÉE TERRITORIALE.			
TOTAL pour le dernier mois........			
REPORT des mois antérieurs.......			
ENSEMBLE...............			

A , le 189 .

Le (1)

(1) Sous-intendant militaire ou Conseil d'administration, suivant le cas.

VU ET VÉRIFIÉ :

Le Sous-Intendant militaire,

MINISTÈRE
DE LA GUERRE.

5e DIRECTION.

3e BUREAU.

SOLDE ET INDEMNITÉ DE ROUTE.

COMPTABILITÉ
DES DÉPENSES ENGAGÉES.

1re SECTION DU BUDGET.
CHAPITRE . — ARTICLE .

SOLDE D

MODÈLE N° 2
de l'Instruction
du 14 mai 1893.

NOTA. — Le présent état doit parvenir au Ministre le 15 de chaque mois. Les états n° 58, qui en sont les éléments, y sont annexés.

(1) Et employés militaires quand il y a lieu.

MOIS D 189 .

e CORPS D'ARMEE
OU
GOUVERNEMENT MILITAIRE D

ÉTAT GÉNÉRAL

des journées de solde de présence et de solde d'absence des officiers,
(1) *réalisées pendant le mois d* 189 .

(1) Désignation des grades.
NOTA. — Il n'est ouvert qu'une colonne pour tous les officiers de réserve et une pour ceux de l'armée territoriale, quel que soit leur grade.
Ajout[er] les intercalaires s'il y a lieu.

DÉSIGNATION des CORPS DE TROUPE ou des sous-intendances suivant le cas.	ARMÉE ACTIVE.																										RÉSERVE.	ARMÉE TERRITORIALE.
	(1)		(1)		(1)		(1)		(1)		(1)		(1)		(1)		(1)		(1)		(1)		(1)		TOTAL.		—	—
	Journées de solde de présence.	Journées de solde d'absence.	Journées de solde de présence.	Journées de solde d'absence.	Journées de solde de présence.	Journées de solde d'absence.	Journées de solde de présence.	Journées de solde d'absence.	Journées de solde de présence.	Journées de solde d'absence.	Journées de solde de présence.	Journées de solde d'absence.	Journées de solde de présence.	Journées de solde d'absence.	Journées de solde de présence.	Journées de solde d'absence.	Journées de solde de présence.	Journées de solde d'absence.	Journées de solde de présence.	Journées de solde d'absence.	Journées de solde de présence.	Journées de solde d'absence.	Journées de solde de présence.	Journées de solde d'absence.	des journées de solde de présence.	des journées de solde d'absence.	Journées de solde de présence.	Journées de solde de présence.
TOTAL pour le dernier mois......																												
REPORT des mois antérieurs......																												
ENSEMBLE......																												

A , le 189 .

Le Directeur du service de l'Intendance,

MINISTÈRE DE LA GUERRE

Modèle N° 3 de l'Instruction du 14 mai 1893.

e CORPS D'ARMÉE ou GOUVERNEMENT MILITAIRE d

e DIVISION.

e BRIGADE.

(1) Désigner le corps.
(2) Désigner la portion détachée qui a fait la dépense.

Nota. — Cet état comprend, en outre, dans une colonne spéciale, le montant des perceptions de l'indemnité en remplacement de viande fraîche qui est touchée en même temps que le prêt.

COMPTABILITÉ DES DÉPENSES ENGAGÉES.

EXERCICE 189 .

1re SECTION DU BUDGET. — CHAPITRE . ARTICLE .

SOLDE D

Mois d

(1)

ÉTAT des dépenses engagées ou des droits constatés et des journées de solde de la troupe pendant le mois d 189 .

1re Partie. — DÉPENSES ET DROITS CONSTATÉS.

DÉSIGNATION des PIÈCES DE DÉPENSE.		CHAP. , ART. SOLDE. Montant des dépenses — Partiel.	Total.	CHAPITRE 26. — INDEMNITÉ en remplacement de viande fraîche. — Montant des dépenses.
Feuilles d'émargement pour servir au payement de la solde des officiers	Portion centrale........			....
	(2)			....
	(2)			....
	(2)			....
	(2)			....
Feuilles d'émargement pour servir au payement des primes et hautes payes des sous-officiers rengagés et des indemnités de logement	Portion centrale........			....
	(2)			....
	(2)			....
	(2)			....
	(2)			....
Bordereaux des feuilles de prêt ou feuilles de prêt des compagnies, escadrons ou batteries s'administrant isolément	Portion centrale. Prêt du 1er au 5..			
	— du 6 au 10..			
	— du 11 au 15..			
	— du 16 au 20..			
	— du 20 au 25..			
	— du 25 au ..			
	(2)			
	(2)			
	(2)			
	(2)			
	A reporter.....			

Nota. — Cet état, vérifié par le sous-intendant militaire, doit parvenir, le 7 de chaque mois, au directeur du service de l'intendance pour les dépenses et les effectifs afférents à l'armée active et à la réserve, ainsi qu'aux isolés de l'armée territoriale.

En ce qui concerne les unités détachées de l'intérieur en Algérie ou en Tunisie, et réciproquement, ledit état est transmis à la même date au Directeur du service de l'intendance dans la circonscription duquel ces unités sont placées.

Quant aux formations de l'armée territoriale qui sont réunies pour une période d'instruction, cet état est produit, au titre de chacune de ces formations, à la fin du mois où s'est terminée la période d'instruction, savoir :

Par les corps de l'armée active, pour les formations de l'armée territoriale qu'ils sont chargés d'administrer (art. 44 et 45 de l'instruction du 7 mai 1891);

Par les sous-intendants militaires, pour les corps de l'armée territoriale qui ont une administration distincte et dont ils ont la surveillance administrative.

DÉSIGNATION des PIÈCES DE DÉPENSE.	CHAP. , ART. SOLDE. Montant des dépenses — Partiel.	CHAP. , ART. SOLDE. Montant des dépenses — Total.	CHAPITRE 26. — INDEMNITÉ en remplacement de viande fraîche. — Montant des dépenses.
Report	....		
Etats récapitulatifs des contrôles nominatifs des hommes de recrue (1)..........................	....		....
Etats spéciaux des indemnités allouées aux enfants de troupe dans leur famille (1)................			
Masses... Montant des perceptions comprises sur l'état de solde des officiers... — Masse individuelle. — Portion centrale........			....
Masse individuelle. — (2)			....
Masse individuelle. — (2)			....
Masse individuelle. — (2)			....
Masse individuelle. — (2)			....
Harnachement et ferrage. — Portion centrale........			....
Harnachement et ferrage. — (2)			....
Harnachement et ferrage. — (2)			....
Harnachement et ferrage. — (2)			....
Harnachement et ferrage. — (2)			....
Chauffage. — Portion centrale........			....
Chauffage. — (2)			....
Chauffage. — (2)			....
Chauffage. — (2)			....
Chauffage. — (2)			....
Écoles. — Portion centrale........			....
Écoles. — (2)			....
Écoles. — (2)			....
Écoles. — (2)			....
Écoles. — (2)			....
Etats comparatifs (Mod. 40) et bordereaux récapitulatifs (Mod. 47) portés en dépense (moins-perçus) (1)....... — Officiers.	....		
Etats comparatifs (Mod. 40) et bordereaux récapitulatifs (Mod. 47) portés en dépense (moins-perçus) (1)....... — Troupe..	....		
Moins-perçus ressortant à la centralisation du ᵉ trimestre (2)..... — Masse individuelle......			....
— de harnachement et ferrage......			....
— de chauffage......			....
— des écoles........			....
TOTAUX.....	....		
A DÉDUIRE :			
Etats comparatifs (Mod. 40) et bordereaux récapitulatifs (Mod. 47) portés en recette (trop-perçus) (1).......... — Officiers.			....
Etats comparatifs (Mod. 40) et bordereaux récapitulatifs (Mod. 47) portés en recette (trop-perçus) (1).......... — Troupe..			
Trop-perçus ressortant à la centralisation du ᵉ trimestre (2)..... — Masse individuelle......			....
— de harnachement et ferrage......			....
— de chauffage.....			....
— des écoles........			....
MONTANT des dépenses faites et des droits constatés pendant le mois..................................			
RECTIFICATION des résultats accusés pour les mois précédents..			
MONTANT net des dépenses du mois			

comprenant, au titre de la solde, la somme de francs, qui représente les allocations spéciales aux militaires français rengagés ou commissionnés (allocations relatives aux rengagements et aux logements, hautes payes journalières ou mensuelles, à l'exclusion de la solde spéciale aux sous-officiers rengagés).

(1) A porter dans l'état afférent au mois où ces pièces ont été établies.
(2) A porter dans l'état afférent au mois où le trésorier a achevé la centralisation.

2e PARTIE. — JOURNÉES DE SOLDE DE LA TROUPE ET ALLOCATIONS DIVERSES.

MOIS.	JOURNÉES de solde de la troupe.	JOURNÉES D'INDEMNITÉ REPRÉSENTATIVE							JOURNÉES DONNANT DROIT AUX RATIONS EN NATURE			OBSERVATIONS.
		de viande fraîche.	de pain à (1).	de sucre et café à (1).	de vin (en Algérie et en Tunisie seulement), à (1).	d'eau-de-vie (en Algérie et en Tunisie seulement), à (1).	de fourrages à (1).		de vivres-viande.	de vivres-pain.	de fourrages.	
						ARMÉE ACTIVE.						NOTA. Ce tableau reçoit le report des totaux du relevé modèle n° 4. (1) Indiquer le taux moyen. (2) Compte tenu de la rectification des chiffres accusés pour les mois antérieurs.
Mois d (2)..												
Mois antérieurs...												
TOTAUX												
						RÉSERVE.						
Mois d (2)..												
Mois antérieurs...												
TOTAUX.....												
						ARMÉE TERRITORIALE.						
Mois d (2)..												
Mois antérieurs ..												
TOTAUX.....												

3e PARTIE. — COMPARAISON TRIMESTRIELLE.

INDICATION DE LA PÉRIODE.	MONTANT des dépenses		Journées de solde de la troupe.	JOURNÉES D'INDEMNITÉ REPRÉSENTATIVE							JOURNÉES DONNANT DROIT aux rations en nature		
	de solde.	d'indemnité en remplacement de viande fraîche.		de viande fraîche.	de pain.	de sucre et café.	de vin (Algérie et Tunisie seulement).	d'eau-de-vie (Algérie et Tunisie seulement).	de fourrages.		de vivres-viande.	de vivres-pain.	de fourrages.
ARMÉE ACTIVE.													
Résultats accusés par les états n° 3, au (1)													
Résultats constatés par les revues correspondantes													
Différence sur les états n° 3 (2). En plus..........													
Différence sur les états n° 3 (2). En moins.........													
RÉSERVE.													
Résultats accusés par les états n° 3, au (1)													
Résultats constatés par les revues correspondantes													
Différences sur les états n° 3 (2). En plus..........													
Différences sur les états n° 3 (2). En moins.........													
ARMÉE TERRITORIALE.													
Résultats accusés par les états n° 3, au (1)													
Résultats constatés par les revues correspondantes													
Différences sur les états n° 3 (2). En plus..........													
Différences sur les états n° 3 (2). En moins.........													

(1) 31 mars, 30 juin, 30 septembre ou 31 décembre.

(2) Expliquer ici les causes des différences.

VU ET VÉRIFIÉ : A , le 189 .

Le Sous-Intendant militaire, *Le Trésorier,*

MINISTÈRE
DE LA GUERRE.

• CORPS D'ARMÉE
ou
GOUVERNEMENT MILITAIRE
d

(1) Désigner l'école militaire.

COMPTABILITÉ
DES DÉPENSES ENGAGÉES.

1re SECTION DU BUDGET. — CHAPITRES 13 et 26.

ÉCOLES MILITAIRES.

PERSONNEL
ET INDEMNITÉ REPRÉSENTATIVE
DE VIANDE FRAICHE.

Mois d   189 .

(1)

MODÈLE N° 3 *bis*
de l'Instruction
du 14 mai 1893.

NOTA. — Cet état, vérifié par le Sous-Intendant militaire, doit parvenir au Directeur du service de l'Intendance le 7 de chaque mois pour le mois précédent.

Le Directeur reporte la somme inscrite au paragraphe 1° et le nombre de journées de vivres-viande sur l'état général (modèle n° 5 *bis*). Les journées comprises aux paragraphes 3° et 4°, ainsi que la somme inscrite au paragraphe 6°, sont reportées sur l'état général (modèle n° 5). Les journées comprises au paragraphe 5° sont reportées sur l'état (modèle n° 7).

ÉTAT

des dépenses engagées ou des droits constatés pendant le mois d   189 .

1° Journées d'indemnité en remplacement de viande fraîche à   fr. l'une..............................

2° Nombre de journées de vivres-viande.................

3° Nombre de journées d'indemnité représentative de pain à   fr.   c. l'une.......................

4° Nombre de journées d'indemnité représentative de sucre et de café à   fr.   c. l'une................

5° Nombre de journées donnant droit aux allocations en nature de......... { vivres-pain.... / fourrages.....

6° Montant des allocations spéciales aux militaires rengagés ou commissionnés, à l'exclusion de la solde spéciale aux sous-officiers rengagés.....................

A   , le   189 .

Le Trésorier,

Vu et VÉRIFIÉ :

Le Sous-Intendant militaire,

MINISTÈRE
DE LA GUERRE.

5e DIRECTION.

3e BUREAU.

SOLDE ET INDEMNITÉ
DE ROUTE.

(1) Gouvernement *ou*, en Algérie, division.

COMPTABILITÉ
DES DÉPENSES ENGAGÉES.

EXERCICE 189 .

1re SECTION DU BUDGET.
CHAPITRE . — ARTICLE .

SOLDE D

MODÈLE N° 5
de l'Instruction
du 14 mai 1893.

NOTA. — Cet état est la récapitulation, en ce qui concerne le service de la solde, des états (mod. n° 3) fournis par les corps de troupe.
Il doit parvenir au Ministre le 12 de chaque mois pour le mois précédent, accompagné des états mod. nos 3 ou 3 *bis*.

MOIS D 189 .

e CORPS D'ARMÉE *ou* (1) MILITAIRE DE

ÉTAT RÉCAPITULATIF

des dépenses engagées ou des droits constatés et des journées de solde de la troupe pendant le mois d 189 .

DÉSIGNATION des CORPS DE TROUPE ou écoles militaires.	ARMÉE ACTIVE.							
	JOURNÉES de solde de la troupe.	JOURNÉES D'INDEMNITÉ REPRÉSENTATIVE						
		de pain à (2).	de sucre et café à (2).	de vin (en Algérie et en Tunisie seulement) à (2).	d'eau-de-vie (en Algérie et en Tunisie seulement) à (2).	de fourrages à (2)		
Totaux du dernier mois (1)........								
Montant des mois antérieurs......								
Ensemble.....								

(1) Compte tenu de la rectification des chiffres accusés pour les mois antérieurs.
(2) Indiquer le taux moyen.

Nota : Pour les écoles militaires, le présent état ne doit signaler que les journées d'indemnité représentative aux sous-officiers rengagés.

RÉSERVE.			ARMÉE TERRITORIALE.			MONTANT TOTAL des dépenses faites et des droits constatés pendant le mois, au titre du service de la solde.	MÉMOIRE : Allocations spéciales aux militaires français rengagés ou commissionnés, signalées par les états n° 61, et comprises dans le total ci-contre.
JOURNÉES de solde de la troupe.	JOURNÉES d'indemnité représentative		JOURNÉES de solde de la troupe.	JOURNÉES d'indemnité représentative			
	de pain.			de pain.			

le montant des dépenses spéciales aux militaires rengagés ou commissionnés, à l'exclusion de la solde spéciale

A , le 189 .

Le Directeur du service de l'Intendance,

MINISTÈRE
DE LA GUERRE.

(1) Gouvernement *ou*, pour l'Algérie, division.

NOTA.— Cet état doit parvenir au Directeur du service de l'Intendance (qui le conserve dans ses archives) au plus tard le 7 de chaque mois.

Il est fourni des états distincts par exercice . le premier est produit le 7 février, et le dernier le 7 mars de l'année suivante.

COMPTABILITÉ DES DÉPENSES ENGAGÉES.

SERVICE DES SUBSISTANCES.

MODÈLE N° 7.

N° 353
de la Nomenclature.

EXERCICE 189 .

Mois d 189 .

° CORPS D'ARMÉE *ou* (1) MILITAIRE D

SOUS-INTENDANT MILITAIRE D

ÉTAT des dépenses engagées pendant le mois d 189 .

SERVICE DES VIVRES. — Ire SECTION DU BUDGET. — CHAPITRES 24 ET 25.

DÉTAIL DES DÉPENSES.	DÉPENSE à mandater par les soins du sous-intendant militaire.	à acquitter par l'officier d'administration comptable.	TOTAL.
CHAPITRE 24. — PERSONNEL D'EXPLOITATION (A).			
Montant des mandats d'avance émis pendant le mois....................			
Rectification à faire sur l'état du mois d .. { Augmentation.			
{ Diminution..........			
Somme à faire figurer sur le Relevé n° 353 A...........................			
REPORT des antérieurs..........			
TOTAUX GÉNÉRAUX..........			
CHAPITRE 25. ARTICLE PREMIER. — MATÉRIEL D'EXPLOITATION (A).			
Gestion directe.... Montant des marchés passés pendant le mois pour livraisons à faire au titre de l'exercice courant de quantités déterminées de denrées, liquides, matières et objets mobiliers..........			
Gestion directe.... Montant des commandes payables sur l'exercice courant, faites pendant le mois aux fournisseurs de matières et objets mobiliers en vertu de marchés à long terme et d'importance variable suivant les besoins..............................			
Gestion directe.... Montant des mandats d'avance émis pendant le mois pour achats de denrées, matières, etc., devant être pris en charge dans les comptes en matières..............................			
Gestion directe.... Montant des mandats d'avance émis pendant le mois pour frais d'exploitation..			
Entreprise. Fournitures à la ration. Montant des demandes d'acomptes déposées par les entrepreneurs pour service fait pendant le mois..			
Entreprise. Fournitures à la ration. Différence entre le montant des factures trimestrielles des entrepreneurs et celui des demandes d'acomptes faites au titre du trimestre..........			
Entreprise. Dépenses d'exploitation..................			
Entreprise. Dépenses diverses..			
Entreprise. Approvisionnements de réserve............................			
TOTAL..........			
Rectification à faire sur l'état du mois d .. { Augmentation........			
{ Diminution..........			
Somme à faire figurer sur le relevé n° 353 A...........................			
REPORT des antérieurs..........			
TOTAUX GÉNÉRAUX..........			

(A) Le *détail* des dépenses par rubrique du budget est donné d'autre part.

SERVICE DE LA VIANDE FRAICHE. — Ire Section du Budget. — Chapitre 26.

DÉTAIL DES DÉPENSES.		MONTANT.	OBSERVATIONS.
	§ 1er. — FOURNITURES EN NATURE.		
Gestion directe.	Montant des marchés passés pendant le mois................		
Entreprise.	Montant des demandes d'acomptes déposées par les entrepreneurs pour service fait pendant le mois...................		
	Total..........		
Rectification à faire sur l'état du mois d	.. { Augmentation.... / Diminution.......		
Somme à faire figurer sur le relevé n° 353 A............................			
	Report des antérieurs..........		
	Totaux généraux..........		

SERVICE DES FOURRAGES. — Ire Section du Budget. — Chapitre 27.

DÉTAIL DES DÉPENSES.			DÉPENSE à mandater par les soins du sous-intendant militaire.	DÉPENSE à acquitter par l'officier d'administration comptable.	DÉPENSE TOTAL.
Gestion directe.		Article premier. — PERSONNEL D'EXPLOITATION.			
		Montant des mandats d'avance émis pendant le mois..........			
		Rectification à faire sur l'état du mois d .... { Augmentation....... / Diminution..........			
		Somme à faire figurer sur le relevé n° 353 A...............			
		Report des antérieurs..........			
		Totaux généraux..........			
		Art. 2. — MATÉRIEL D'EXPLOITATION.			
		Montant des marchés passés pendant le mois pour livraisons à faire au titre de l'exercice courant de quantités déterminées de denrées, matières et objets mobiliers..............			
		Montant des commandes faites pendant le mois..............			
		Montant des mandats d'avance (dépenses justifiées dans la comptabilité-matières)..................................			
		Montant des mandats d'avance émis pendant le mois pour frais d'exploitation..			
Entreprise.	Fournitures à la ration.	Montant des demandes d'acomptes déposées par les entrepreneurs pour service fait pendant le mois..			
		Différence entre le montant des factures trimestrielles des entrepreneurs et celui des demandes d'acomptes faites au titre du trimestre..........			
		Dépenses d'exploitation..			
		Dépenses diverses..			
		Approvisionnements de réserve..............................			
		Total..........			
Rectification à faire sur l'état du mois d		.. { Augmentation..... / Diminution.......			
Somme à faire figurer sur le relevé n° 353 A..........................					
		Report des antérieurs..........			
		Totaux généraux..........			

REMONTE GÉNÉRALE (ENTRETIEN DES JEUNES CHEVAUX DANS LES DÉPÔTS DE TRANSITION).
Ire SECTION DU BUDGET. — CHAPITRE 41, § 5.

DÉTAIL DES DÉPENSES.	MONTANT.	OBSERVATIONS.
Entreprise.... { Montant des demandes d'acomptes déposées par les entrepreneurs pour service fait pendant le mois..............		
Rectification à faire sur l'état du mois d .. { Augmentation ..... Diminution........		
Somme à faire figurer sur le relevé n° 353 A..............................		
REPORT des antérieurs..........		
TOTAUX GÉNÉRAUX..........		

CHAUFFAGE ET ÉCLAIRAGE. — Ire SECTION DU BUDGET. — CHAPITRE 50.

DÉTAIL DES DÉPENSES.	MONTANT.	OBSERVATIONS.
Montant des relevés trimestriels (modèle 1 *bis*), fournis par les corps de troupe.		
Factures trimestrielles de fournitures de gaz............................		
Factures diverses..		
TOTAL..........		
Rectification à faire sur l'état du mois d .. { Augmentation ..... Diminution........		
Somme à faire figurer sur le relevé n° 353 A..............................		
REPORT des antérieurs..........		
TOTAUX GÉNÉRAUX..........		

SUBSISTANCES. — IIe SECTION DU BUDGET. — CHAPITRE 47.

DÉTAIL DES DÉPENSES.	MONTANT		OBSERVATIONS.
	PARTIEL.	TOTAL.	
Montant des marchés passés pendant le mois pour livraisons à faire au titre de l'exercice courant de quantités déterminées de denrées, liquides, matières et objets mobiliers :			
Vivres..		}	
Fourrages...		}	
Chauffage...		}	
Rectification à faire sur l'état du mois d .. { Augmentation ..... Diminution........			
Somme à faire figurer sur le relevé n° 353 A..............................			
REPORT des antérieurs..........			
TOTAUX GÉNÉRAUX..........			

DÉTAIL PAR RUBRIQUE DU BUDGET DES DÉPENSES ENGAGÉES.

NATURE DE LA DÉPENSE.	QUANTITÉS			MONTANT DE LA DÉPENSE		
	correspondant à la dépense engagée pendant le mois.	Report des mois antérieurs.	TOTAUX.	engagée pendant le mois.	Report des mois antérieurs.	TOTAUX.
SERVICE DES VIVRES.						
PERSONNEL D'EXPLOITATION.						
Traitement et salaire aux ouvriers civils						
Primes de travail aux ouvriers militaires d'administration						
TOTAUX						
MATÉRIEL D'EXPLOITATION.						
Achats de denrées, liquides, matières et objets mobiliers.						
Blés						
Biscuit						
Combustibles						
Sel						
Huile ou vaseline						
Lard salé						
Conserves de viande						
Vin						
Eau-de-vie						
Sucre						
Café vert						
Sacherie, objets mobiliers et machines						
TOTAUX						
Fournitures à la ration.						
Pain						
Pain fabriqué avec des farines de l'administration						
Vin						
Eau-de-vie						
Sucre						
Café						
Approvisionnements remis en fin de marché (1)						
TOTAUX						
Dépenses d'exploitation.						
Frais de mouture						
Frais de location						
Frais de transports intérieurs						
Droits d'octroi et de douane						
Fourniture de gaz aux manutentions militaires						
Primes aux entrepreneurs pour distribution et conservation des denrées appartenant à l'administration						
Frais d'adjudication, d'insertion et d'affichage						
Frais d'impression, achats d'ouvrages, publications, etc.						
Surveillance des appareils à vapeur des subsistances militaires						
Indemnités aux sous-intendants militaires chargés du service des subsistances à Paris et à Marseille						
Honoraires, vacations, frais d'expertise						
Taxe municipale de balayage						
Achats de menus objets mobiliers de consommation						
TOTAUX						
A reporter						

(1) Différence entre les prix payés aux entrepreneurs sortants et ceux imputés sur les factures des entrepreneurs entrants.

DÉTAIL PAR RUBRIQUE DU BUDGET DES DÉPENSES ENGAGÉES. (*Suite.*)

	NATURE DE LA DÉPENSE.	MONTANT DE LA DÉPENSE engagée pendant le mois.	Report des mois antérieurs.	TOTAUX.
	SERVICE DES VIVRES. (*Suite.*)			
	REPORT..........			
Dépenses diverses.	Fourniture d'eau potable, achats de compteurs, machines élévatoires, etc.			
	Dépense occasionnée par le fonctionnement de la section technique			
	Fourniture de vivres d'ordinaire aux militaires détenus dans les pénitenciers ou ateliers			
	Distribution aux indigènes requis temporairement pour un service militaire			
	Distribution extraordinaire en nature aux troupes de la division d'occupation de Tunisie			
	Payement aux corps de troupe de la 1/2 des rations de pain non perçues par les permissionnaires de 24 heures et qui ont été retranchées du nombre total à distribuer			
	.....			
	TOTAUX..........			
Approvisionnements de réserve.	Entretien et conservation des approvisionnements des stations-magasins			
	Conservation des denrées composant les approvisionnements. (Pertes, déchets, à la charge de l'État.)			
	Entretien des approvisionnements de concentration			
	Entretien du matériel de réserve et des stations-haltes-repas			
	Entretien des embranchements reliant les magasins aux voies ferrées principales			
	Frais de nourriture des chevaux des breacks des subsistances militaires (quote-part)			
	Dépenses occasionnées par le fonctionnement des comités de ravitaillement			
	......			
	TOTAUX..........			
	TOTAUX GÉNÉRAUX..........			

SERVICE DE LA VIANDE FRAICHE.

(FOURNITURES EN NATURE.)

NATURE DE LA DÉPENSE.	QUANTITÉS correspondant à la dépense engagée pendant le mois.	QUANTITÉS Report des mois antérieurs.	QUANTITÉS TOTAUX.	MONTANT DE LA DÉPENSE engagée pendant le mois.	MONTANT DE LA DÉPENSE Report des mois antérieurs.	MONTANT DE LA DÉPENSE TOTAUX.
Viande fraiche..........................						

DÉTAIL PAR RUBRIQUE DU BUDGET DES DÉPENSES ENGAGÉES. (*Suite.*)

NATURE DE LA DÉPENSE.	QUANTITÉS			MONTANT DE LA DÉPENSE		
	correspondant à la dépense engagée pendant le mois.	Report des mois antérieurs.	TOTAUX.	engagée pendant le mois.	Report des mois antérieurs.	TOTAUX.
SERVICE DES FOURRAGES.						
PERSONNEL D'EXPLOITATION.						
Traitement et salaire aux ouvriers civils						
Primes de travail aux ouvriers militaires d'administration						
TOTAUX						
MATÉRIEL D'EXPLOITATION.						
Achats de denrées, liquides, matières et objets mobiliers. — Foin						
Paille						
Avoine ou orge						
Son, carottes, vert, etc.						
Sacherie, objets mobiliers et machines diverses						
TOTAUX						
Fournitures à la ration. — Foin						
Paille						
Avoine ou orge						
Son, carottes, vert, etc.						
Approvisionnements remis en fin de marché (1)						
TOTAUX						
Dépenses d'exploitation. — Frais de mouture						
Frais de location						
Frais de transports intérieurs						
Droits d'octroi et de douane						
Fourniture de gaz aux parcs à fourrages						
Primes aux entrepreneurs pour distribution et conservation des denrées appartenant à l'administration						
Frais d'adjudication, d'insertion et d'affichage						
Honoraires, vacations, frais d'expertise						
Taxe municipale de balayage						
Achats de menus objets mobiliers de consommation						
TOTAUX						
Dépenses diverses. — Fourniture d'eau potable, achats de compteurs, machines élévatoires, etc.						
Distributions aux indigènes requis temporairement pour un service militaire						
TOTAUX						
Approvisionnements de réserve. — Entretien et conservation des approvisionnements des stations-magasins						
Conservation des denrées composant les approvisionnements. (Pertes, déchets, à la charge de l'Etat.)						
Entretien des approvisionnements de concentration						
Frais de nourriture des chevaux des breacks des subsistances militaires (quote-part)						
TOTAUX						
TOTAUX GÉNÉRAUX						

(1) Différence entre les prix payés aux entrepreneurs sortants et ceux imputés sur les factures des entrepreneurs entrants.

DÉTAIL PAR RUBRIQUE DU BUDGET DES DÉPENSES ENGAGÉES. (*Suite.*)

NATURE DE LA DÉPENSE.	NOMBRE DE JOURNÉES DE NOURRITURE			MONTANT DE LA DÉPENSE		
	pendant le mois.	Report des mois antérieurs.	TOTAUX.	engagée pendant le mois.	Report des mois antérieurs.	TOTAUX.
REMONTE GÉNÉRALE (DÉPOTS DE TRANSITION).						
Nourriture des jeunes chevaux...						
SERVICE DU CHAUFFAGE ET DE L'ÉCLAIRAGE.						
Chauffage des officiers logés dans les forts........................						
Eclairage au gaz des corps de garde..............................						
Eclairage extérieur des casernes, quartiers généraux, etc...........						
Allumage et extinction des appareils à gaz........................						
Entretien des approvisionnements de réserve......................						
Exercices d'embarquement..						
Garde républicaine..						
TOTAUX.....						
2e SECTION DU BUDGET.						
Vivres...... {						
....						
....						
....						
Fourrages... {						
....						
....						
Chauffage..						
TOTAUX.....						

MONTANT (1) EN ARGENT DES DISTRIBUTIONS ET CESSIONS REMBOURSABLES.

MODE de REMBOURSEMENT.	VIVRES. MONTANT (A)			FOURRAGES. MONTANT (A)		CHAUFFAGE (A).	DÉTAIL, PAR ARME, de LA COLONNE 2 (A).					
	des bons mensuels décomptés pour fournitures faites aux corps de troupe sans payement de leur valeur.	des payements faits par les parties prenantes au moment des distributions.	des factures de cessions à d'autres services, ministères, et des distributions à la marine.	des payements faits par les parties prenantes au moment des distributions.	des factures de cessions à d'autres services, ministères, et des distributions à la marine.	Montant des factures de cessions aux corps de troupe, à d'autres services et ministères.	Infanterie.	Troupes d'administr.	Cavalerie.	Artillerie.	Génie.	Train des équipages.
1	2	3	4	5	6	7	8	9	10	11	12	13
Imputations dans les revues de liquidation..........		....	....	....	....	....						
Versements au distributeur.	....		....		....		...	...	...	...	...	...
Virements administratifs { Divers services de la guerre.	....	....		....			...	...	...	...	...	...
	....	....		....			...	...	...	...	...	...
Virements administratifs { Ministère d .	....	....		....			...	...	...	...	...	...
Id. .	....	....		....			...	...	...	...	...	...
TOTAUX..............												
REPORT des antérieurs.												
TOTAUX GÉNÉRAUX...												

(1) Ce tableau est rempli au moyen des indications portées mensuellement sur le relevé no 355 A produit par les comptables et les entrepreneurs.

(A) Compte tenu des rectifications des chiffres accusés pour les mois antérieurs.

FOURNITURES REMBOURSABLES.

QUANTITÉS DE DENRÉES DISTRIBUÉES ET CÉDÉES A CHARGE DE REMBOURSEMENT.

DÉSIGNATION des DENRÉES.	QUANTITÉS DISTRIBUÉES ET CÉDÉES.						DÉCOMPTE EN DENIERS.			
	Distributions et cessions pendant le mois (A).		Report des antérieurs.		TOTAUX.		PRIX de remboursement.	DÉCOMPTE.		TOTAL.
	Gestion directe.	En-treprise.	Gestion directe.	En-treprise.	Gestion directe.	En-treprise.		Gestion directe.	En-treprise.	
1° SERVICE DES VIVRES.										
Pain										
Biscuit										
Viande fraîche										
Riz										
Légumes secs										
Sel										
Sucre										
Café										
Vin										
Eau-de-vie										
....										
....										
....										
TOTAUX	......	......	......	......	......	......	......			
2° SERVICE DES FOURRAGES.										
Foin										
Paille										
Avoine ou orge										
....										
....										
....										
TOTAUX	......	......	......	......	......	......	......			

(A) Compte tenu des rectifications des chiffres accusés pour les mois antérieurs.

DISTRIBUTIONS FAITES A TITRE RÉGLEMENTAIRE.

DÉSIGNATION des DENRÉES.	NOMBRE DE RATIONS DISTRIBUÉES.						CONVERSION EN QUINTAUX OU HECTOLITRES.					
	Distributions pendant le mois (A).		Report des mois antérieurs.		TOTAUX.		Distributions pendant le mois (A).		Report des mois antérieurs.		TOTAUX.	
	Gestion directe.	En-treprise.	Gestion directe.	En-treprise.	Gestion directe.	En-treprise.	Gestion directe.	En-treprise.	Gestion directe.	En-treprise.	Gestion directe.	En-treprise.
SERVICE DES VIVRES (1).												
Pain à 750 gr........												
Pain à 620 gr.........												
Pain biscuité à 700 gr.												
Biscuit à 550 gr......												
TOTAUX....												
Biscuit à 100 gr......												
Viande fraîche.......												
Lard salé...........												
Conserves de viande..												
Vin................	.....	.....	.....	.....	.....	.....						
Eau-de-vie..........	.....	.....	.....	.....	.....	.....						
Sucre..............	.....	.....	.....	.....	.....	.....						
Café torréfié........	.....	.....	.....	.....	.....	.....						

SERVICE DES FOURRAGES (1).

DÉSIGNATION des DENRÉES.	QUANTITÉS DISTRIBUÉES.							NOMBRE DE RATIONS complètes distribuées pendant le mois (A).		TAUX MOYEN de LA RATION.
	Distributions pendant le mois (A).		Report des mois antérieurs.		TOTAUX.					
	Gestion directe.	En-treprise.	Gestion directe.	En-treprise.	Gestion directe.	En-treprise.	En-semble.	Gestion directe.	En-treprise.	
Foin................										Foin.....
Paille...............										Paille....
Avoine ou orge......										Avoine ou orge...
Vert, son, etc........										
Report des antérieurs.	......	......	......	......	......	......	......			
TOTAUX......	......	......	......	......	......	......	......			

(1) Faire figurer à la gestion directe : le pain fabriqué avec des farines de l'administration ; les denrées appartenant à l'administration et distribuées par es entrepreneurs.

(A) Compte tenu des rectifications des chiffres accusés pour les mois antérieurs.

EFFECTIFS MOYENS (1).

	NOMBRE DE JOURNÉES donnant droit pendant le mois aux (A)			REPORT des ANTÉRIEURS.			TOTAUX GÉNÉRAUX au DERNIER JOUR du mois.			EFFECTIFS MOYENS au dernier jour du mois.
	Allocations en nature.	Indemnités représentatives.	Total.	Allocations en nature.	Indemnités représentatives.	Total.	Allocations en nature.	Indemnités représentatives.	Totaux.	
1° HOMMES										
2° CHEVAUX. Chevaux des états-majors, des écoles militaires et du personnel hors cadres. ...										
2° CHEVAUX. Chevaux des corps de troupe. Infanterie.....										
2° CHEVAUX. Chevaux des corps de troupe. Cavalerie										
2° CHEVAUX. Chevaux des corps de troupe. Artillerie......										
2° CHEVAUX. Chevaux des corps de troupe. Génie.........										
2° CHEVAUX. Chevaux des corps de troupe. Train des équipages.......										
2° CHEVAUX. Chevaux des corps de troupe.										
2° CHEVAUX. Chevaux des corps de troupe.										
2° CHEVAUX. Chevaux de la gendarmerie et de la garde républicaine.......										
2° CHEVAUX. Chevaux des dépôts de remonte...........										
2° CHEVAUX. Chevaux des dépôts de transition.........										
TOTAUX.....										

(1) Ces renseignements sont donnés par les états matricules nos 3, 3 *bis* et par les contrôles tenus par les fonctionnaires de l'intendance, pour les chevaux des officiers sans troupe et employés militaires.
(A) Compte tenu des rectifications des chiffres accusés pour les mois antérieurs.

A , le 189 .

Le Sous-Intendant militaire,

MINISTÈRE
DE LA GUERRE.

5e DIRECTION.

2e BUREAU.

MODÈLE N° 8.

(N° 353 A
de la Nomenclature.)

COMPTABILITÉ DES DÉPENSES ENGAGÉES.

SERVICE DES SUBSISTANCES.

EXERCICE 189 .

(1) Gouvernement *ou* (*en Algérie*) Division.

NOTA. Ce relevé doit parvenir au Ministre le 12 du chaque mois, au plus tard, pour le mois precédent.

Mois d 189 .

° CORPS D'ARMÉE *ou* (1) MILITAIRE D .

RELEVÉ des dépenses engagées pendant le mois d 189 .

TABLEAU I. — *Service des Vivres, de la Viande fraîche, des Fourrages, de la Remonte, du Chauffage et de l'Eclairage et des Subsistances.*

DÉSIGNATION des SOUS-INTENDANCES.	DÉPENSES ENGAGÉES.							
	1re SECTION DU BUDGET.							2e section du budget.
	Service des Vivres.		Service de la viande fraîche. (Fournitures en nature.)	Service des Fourrages.		Remonte générale.	Service du chauffage et de l'éclairage.	
	Personnel d'exploitation.	Matériel d'exploitation.		Personnel d'exploitation.	Matériel d'exploitation.	Nourriture des jeunes chevaux dans les dépôts de transition.		Subsistances.
TOTAUX.....								
Report des antérieurs.....								
TOTAUX GÉNÉRAUX des dépenses engagées........								
Situation des crédits :								
Montant des crédits délégués..................								
Montant des crédits compris sur la dernière demande de fonds........								
TOTAUX.....								
Différences. Excédent de crédit..............								
Différences. Insuffisance de crédit..............								

TABLEAU II. — *Détail par rubrique du budget des dépenses engagées.*

NATURE DE LA DÉPENSE.	QUANTITÉS correspondant à la dépense engagée pendant le mois.	QUANTITÉS Report des mois antérieurs.	QUANTITÉS Totaux.	MONTANT DE LA DÉPENSE engagée pendant le mois.	MONTANT DE LA DÉPENSE Report des mois antérieurs.	MONTANT DE LA DÉPENSE Totaux.
SERVICE DES VIVRES.						
PERSONNEL D'EXPLOITATION.						
Traitement et salaire aux ouvriers civils	....	....	....			
Primes de travail aux ouvriers militaires d'administration	....	....	....			
TOTAUX	....	....	....			
MATÉRIEL D'EXPLOITATION.						
Achats de denrées, liquides, matières et objets mobiliers. — Blés						
Biscuit						
Combustibles						
Sel						
Huile ou vaseline						
Lard salé						
Conserves de viande						
Vin						
Eau-de-vie						
Sucre						
Café vert						
Sacherie, objets mobiliers et machines	....	....	....			
TOTAUX	....	....	....			
Fournitures à la ration. — Pain						
Pain fabriqué avec des farines de l'administr.						
Vin						
Eau-de-vie						
Sucre						
Café						
Approvisionnements remis en fin de marché (1)	....	....	....			
TOTAUX						
Dépenses d'exploitation. — Frais de mouture						
Frais de location						
Frais de transports intérieurs						
Droits d'octroi et de douane						
Fourniture de gaz aux manutentions militaires						
Primes aux entrepreneurs pour distribution et conservation des denrées appartenant à l'administr.						
Frais d'adjudication, d'insertion et d'affichage						
Frais d'impression, achats d'ouvrages, publications, etc.						
Surveillance des appareils à vapeur des subsistances militaires						
Indemnités aux sous-intendants militaires chargés du service des subsistances à Paris et à Marseille.						
Honoraires, vacations, frais d'expertise						
Taxe municipale de balayage						
Achat de menus objets mobiliers de consommation.						
TOTAUX						
A REPORTER						

(1) Différence entre les prix payés aux entrepreneurs sortants et ceux imputés sur les factures des entrepreneurs entrants.

Tableau II. — *Détail par rubrique du budget des dépenses engagées.* (Suite.)

NATURE DE LA DÉPENSE.		MONTANT DE LA DÉPENSE engagée pendant le mois.	Report des mois antérieurs.	TOTAUX.
	SERVICE DES VIVRES. (*Suite.*)			
	Report..........			
Dépenses diverses.	Fourniture d'eau potable, achats de compteurs, machines élévatoires, etc..................			
	Dépense occasionnée par le fonctionnement de la section technique........			
	Fournitures de vivres d'ordinaire aux militaires détenus dans les pénitenciers ou ateliers.....			
	Distributions aux indigènes requis temporairement pour un service militaire.............			
	Distribution extraordinaire en nature aux troupes de la division d'occupation de Tunisie.......			
	Payement aux corps de troupe de la 1/2 des rations de pain non perçues par les permissionnaires de 24 heures et qui ont été retranchées du nombre total à distribuer...............			
	.....			
	Totaux..........			
Approvisionnements de réserve.	Entretien et conservation des approvisionnements des stations-magasins................			
	Conservation des denrées composant les approvisionnements. (Pertes, déchets à la charge de l'Etat.)................................			
	Entretien des approvisionnements de concentration................................			
	Entretien du matériel de réserve et des stations-haltes-repas...........................			
	Entretien des embranchements reliant les magasins aux voies ferrées principales.........			
	Frais de nourriture des chevaux des breacks des subsistances militaires (quote-part)..........			
	Dépenses occasionnées par le fonctionnement des comités de ravitaillement..................			
	.....			
	Totaux..........			
	Totaux généraux..........			

SERVICE DE LA VIANDE FRAICHE.

(FOURNITURES EN NATURE.)

NATURE DE LA DÉPENSE.	QUANTITÉS correspondant à la dépense engagée pendant le mois.	Report des mois antérieurs.	TOTAUX.	MONTANT DE LA DÉPENSE engagée pendant le mois.	Report des mois antérieurs.	TOTAUX.
Viande fraîche....................						

Tableau II. — *Détail par rubrique du budget des dépenses engagées.* (Suite.)

NATURE DE LA DÉPENSE.	QUANTITÉS			MONTANT DE LA DÉPENSE		
	correspondant à la dépense engagée pendant le mois.	Report des mois antérieurs.	TOTAUX.	engagée pendant le mois.	Report des mois antérieurs.	TOTAUX.
SERVICE DES FOURRAGES.						
PERSONNEL D'EXPLOITATION.						
Traitement et salaire aux ouvriers civils	....	....	....			
Primes de travail aux ouvriers militaires d'administration	....	....	....			
TOTAUX	....	....	....			
MATÉRIEL D'EXPLOITATION.						
Achats de denrées, liquides, matières et objets mobiliers. — Foin						
Paille						
Avoine ou orge						
Son, carottes, vert, etc.	....	....	....			
Sacherie, objets mobiliers et machines diverses	....	....	....			
TOTAUX	....	....	....			
Fournitures à la ration. — Foin						
Paille						
Avoine ou orge						
Son, carottes, vert, etc.	....	....	....			
Approvisionnements remis en fin de marché (1)	....	....	....			
TOTAUX						
Dépenses d'exploitation. — Frais de mouture						
Frais de location						
Frais de transports intérieurs						
Droits d'octroi et de douane						
Fourniture de gaz aux parcs à fourrages						
Primes aux entrepreneurs pour distribution et conservation de denrées appartenant à l'administration						
Frais d'adjudication, d'insertion et d'affichage						
Honoraires, vacations, frais d'expertise						
Taxe municipale de balayage						
Achats de menus objets mobiliers de consommation						
TOTAUX						
Dépenses diverses. — Fourniture d'eau potable, achats de compteurs, machines élévatoires, etc.						
Distributions aux indigènes requis temporairement pour un service militaire						
TOTAUX						
Approvisionnements de réserve. — Entretien et conservation des approvisionnements des stations-magasins						
Conservation des denrées composant les approvisionnements. (Pertes, déchets à la charge de l'Etat.)						
Entretien des approvisionnements de concentration						
Frais de nourriture des chevaux de breacks des subsistances militaires (quote-part)						
TOTAUX						
TOTAUX GÉNÉRAUX						

(1) Différence entre les prix payés aux entrepreneurs sortants et ceux imputés sur les factures des entrepreneurs entrants.

TABLEAU II. — *Détail par rubrique du budget des dépenses engagées.* (Suite.)

NATURE DE LA DÉPENSE.	NOMBRE DE JOURNÉES DE NOURRITURE			MONTANT DE LA DÉPENSE		
	pendant le mois.	Report des mois antérieurs.	Totaux.	engagée pendant le mois.	Report des mois antérieurs.	Totaux.
REMONTE GÉNÉRALE (DÉPOTS DE TRANSITION).						
Nourriture des jeunes chevaux.						
SERVICE DU CHAUFFAGE ET DE L'ÉCLAIRAGE.						
Chauffage des officiers logés dans les forts..................						
Éclairage au gaz des corps de garde......................						
Éclairage extérieur des casernes, quartiers généraux, etc.....						
Allumage et extinction des appareils à gaz................						
Entretien des approvisionnements de réserve..............						
Exercices d'embarquement..............................						
Garde républicaine....................................						
TOTAUX.........						
2e SECTION DU BUDGET.						
Vivres.						
....						
....						
....						
....						
Fourrages.						
....						
....						
....						
Chauffage.						
....						
....						
TOTAUX.........						

Tableau III. — *Distributions faites à titre réglementaire.*

SERVICE DES VIVRES (1).

DÉSIGNATION des DENRÉES.	NOMBRE DE RATIONS DISTRIBUÉES.						CONVERSION EN QUINTAUX OU HECTOLITRES.					
	Distributions pendant le mois (A).		Report des mois antérieurs.		Totaux.		Distributions pendant le mois (A).		Report des mois antérieurs.		Totaux.	
	Gestion directe.	Entreprise.	Gestion directe.	Entreprise.	Gestion directe.	Entreprise.	Gestion directe.	Entreprise.	Gestion directe.	Entreprise.	Gestion directe.	Entreprise.
Pain à 750 gr.												
Pain à 620 gr.												
Pain biscuité à 700 gr.												
Biscuit à 550 gr.												
Totaux												
Biscuit à 100 gr.												
Viande fraîche												
Lard salé												
Conserves de viande												
Vin	....	....	....	....	....	....						
Eau-de-vie	....	....	....	....	....	....						
Sucre	....	....	....	....	....	....						
Café torréfié	....	....	....	....	....	....						

SERVICE DES FOURRAGES (1).

DÉSIGNATION des DENRÉES.	QUANTITÉS DISTRIBUÉES.							NOMBRE DE RATIONS complètes distribuées pendant le mois (A).		TAUX MOYEN de LA RATION.
	Distributions pendant le mois (A).		Report des mois antérieurs.		TOTAUX.					
	Gestion directe.	Entreprise.	Gestion directe.	Entreprise.	Gestion directe.	Entreprise.	Ensemble.	Gestion directe.	Entreprise.	
Foin										Foin. . . . . . kil.
Paille										Paille. . . . .
Avoine ou orge										Avoine ou orge. . . . .
Vert, son, etc.										
Report des antérieurs	....	....	....	....	....	....	....			
Totaux	....	....	....	....	....	....	....			

(1) Faire figurer à la gestion directe. { Le pain fabriqué avec des farines de l'administration. Les denrées appartenant à l'administration et distribuées par les entrepreneurs.

(A) Compte tenu des rectifications des chiffres accusés pour les mois antérieurs.

Tableau IV. — *Fournitures remboursables.*

DÉSIGNATION des SERVICES.	MODE DE REMBOURSEMENT.		VALEUR des fournitures faites à titre remboursable pendant le mois (A).	REPORT des ANTÉRIEURS.	TOTAUX (B).
Service des vivres.	Imputations à faire dans les revues de liquidation.	Infanterie			
		Troupes d'administration.....			
		Cavalerie....................			
		Artillerie...................			
		Génie........................			
		Train des équipages..........			
	Versements effectués au moment des distrib..				
	Virements administratifs.	Divers services de la guerre...			
		Ministère d ...			
		Id. ...			
		Totaux......			
Service des fourrages.	Versements effectués au moment des distrib..				
	Virements administratifs.	Divers services de la guerre...			
		Ministère d ...			
		Id. ...			
		Totaux......			
Service du chauffage et de l'éclairage.	Versements effectués au moment des distrib..				
	Virements administratifs.	Divers services de la guerre...			
		Ministère d ...			
		Id. ...			
		Totaux......			

Quantités de denrées distribuées et cédées à charge de remboursement.

	DÉSIGNATION DES DENRÉES.													
	SERVICE DES VIVRES.								SERVICE des fourrages.					SERVICE du chauffage et de l'éclairage.
	Pain.	Biscuit.	Viande fraîche.	Riz.				Totaux des décomptes.	Foin.	Paille.	Avoine ou orge.		Totaux des décomptes.	Matières diverses de chauffage et d'éclairage (deniers).
Gestion directe.														
Quantités distribuées (A)..								....					....	....
Report des antérieurs								....					....	....
Totaux.....								....					....	....
Décompte en deniers.....								....					....	....
Entreprise.														
Quantités distribuées (A)..								....					....	....
Report des antérieurs								....					....	....
Totaux.....								....					....	....
Décompte en deniers.....								....					....	....
Totaux généraux des deniers								(B)					(B)	(B) ....
Totaux par service...	(B)								(B)					

(A) Compte tenu des rectifications des chiffres accusés pour les mois antérieurs.
(B) Pour chaque service, ces totaux doivent être égaux.

TABLEAU V. — *Indemnité représentative de viande fraîche et rations de vivres-viande en nature.*

NUMÉROS DES CHAPITRES et articles du budget.	DÉSIGNATION des BUDGETS.	JOURNÉES D'INDEMNITÉ EN REMPLACEMENT de viande fraîche (A).				MONTANT de la DÉPENSE.
		Armée active.	Ré-serve.	Armée territo-riale.	Total.	
Chap. 13, art. Uniq.	Ecoles militaires...........					
— 15, — 3....	Personnels administratifs...					
— 16, — Uniq.	Infanterie..................					
— 17, — Uniq.	Troupes d'administration....					
— 18, — 1er. .	Cavalerie...................					
— 19, — Uniq.	Artillerie..................					
— 20, — Uniq.	Génie.......................					
— 21, — Uniq.	Train des équip. militaires...					
	TOTAUX.............					
	REPORT des antérieurs..............					
	TOTAUX GÉNÉRAUX......					
Nombre de rations de vivres-viande (A).........						....
	REPORT des antérieurs............					....
	TOTAUX GÉNÉRAUX.....					....

(A) Compte tenu des rectifications des chiffres accusés pour les mois antérieurs.

TABLEAU VI. — *Effectifs moyens au dernier jour du mois.*

			NOMBRE DE JOURNÉES DONNANT DROIT depuis le 1er janvier aux			EFFECTIFS MOYENS.
			Allocations en nature.	Indemnités repré-sentatives.	Total.	
1° HOMMES................................						
2° CHEVAUX.	Chevaux des états-majors, des écoles militaires et du personnel hors cadres..........					
	Chevaux des corps de troupe.	Infanterie.........				
		Cavalerie..........				
		Artillerie..........				
		Génie..............				
		Train des équipages.				
		....				
		....				
	Chevaux de la gendarmerie et de la garde républicaine					
	Chevaux des dépôts de remonte.					
	Chevaux des dépôts de transition					
		TOTAUX......				

A , le 189 .

Le Directeur du service de l'Intendance,

MINISTÈRE
DE LA GUERRE.

° CORPS D'ARMÉE
ou
MILITAIRE
(1) d
PLACE d

MODÈLE N° 14.
(N° 335 A
de la Nomenclature.)

SERVICE DES SUBSISTANCES.

MOIS D 189 .

M. (2)

(1) Gouvernement *ou* division.
(2) Officier d'administrat. comptable *ou* entrepreneur.
(3) Désigner les corps *ou* portions de corps.
(4) Désigner les services et les ministères.

I. — FOURNITURES REMBOURSABLES.

1° MONTANT EN DENIERS DES DISTRIBUTIONS ET CESSIONS REMBOURSABLES (*).

DÉTAIL DES DÉPENSES. 1	VIVRES. 2	FOURRAGES. 3	CHAUFFAGE. 4	DÉTAIL, PAR ARME, DES FOURNITURES DE VIVRES (colonne 2) faites aux corps de troupe. 5					
				Infanterie.	Troupes d'administ.	Cavalerie.	Artillerie.	Génie.	Train des équipages.
1° Montant des bons mensuels décomptés pour fournitures aux corps de troupe et dont l'imputation sera faite dans les revues............									
Divers corps de troupe (A)..........									
2° Montant des payements effectués par les parties prenantes pour être versés au Trésor.................									
3° Montant des cessions faites (A). — à d'autres services de la guerre............									
3° Montant des cessions faites (A). — à d'autres ministères — Ministère d .									
3° Montant des cessions faites (A). — à d'autres ministères — Id...									
TOTAUX.....									
REPORT des antérieurs.....									
TOTAUX GÉNÉRAUX.........	(B)	(B)	(B)						

(*) Comprendre les denrées, matières de l'État, ainsi que celles appartenant aux entrepreneurs, dont le remboursement doit être poursuivi par les soins de l'administration centrale.

(A) Compte tenu des rectifications des chiffres accusés pour les mois antérieurs.

(B) Pour chaque service, ces totaux doivent être égaux.

2° QUANTITÉS DE DENRÉES DISTRIBUÉES ET CÉDÉES A CHARGE DE REMBOURSEMENT.

	DÉSIGNATION DES DENRÉES.													
	SERVICE DES VIVRES.								SERVICE des fourrages.					SERVICE DU CHAUFFAGE et de l'éclairage.
	Pain.	Biscuit.	Viande fraîche.	Riz.					Foin.	Paille.	Avoine ou orge.			Matières diverses de chauffage et d'éclairage (deniers).
Quantités distribuées (A)														
Report des antérieurs..														
TOTAUX.....														
Décompte en deniers...														
TOTAUX par services.	(B)								(B)					(B)

A Monsieur le Sous-Intendant militaire chargé du service des subsistances
à

II. — DISTRIBUTIONS FAITES A TITRE RÉGLEMENTAIRE.

SERVICE DES VIVRES (1).

DÉSIGNATION DES DENRÉES.	DISTRIBUTIONS FAITES PENDANT LE MOIS (A). Nombre de rations.		DISTRIBUTIONS FAITES PENDANT LE MOIS (A). Conversion en quintaux ou hectolitres.		REPORT DES QUANTITÉS des mois antérieurs.		TOTAUX DES QUANTITÉS distribuées.	
	Gestion directe.	Entreprise.	Gestion directe.	Entreprise.	Gestion directe.	Entreprise.	Gestion directe.	Entreprise.
1	2	3	4	5	6	7	8	9
Pain à 750 grammes.....								
Pain à 620 grammes.....								
Pain biscuité à 700 gr ...								
Biscuit à 550 grammes...								
Biscuit à 100 grammes ...								
Viande fraîche..........								
Lard salé............								
Conserves de viande								
Vin..................	.....	.....						
Eau-de-vie............	.....	.....						
Sucre................	.....	.....						
Café torréfié...........	.....	.....						

SERVICE DES FOURRAGES (1).

DESIGNATION DES DENRÉES.	QUANTITÉS DISTRIBUÉES. DISTRIBUTIONS pendant le mois (A).		QUANTITÉS DISTRIBUÉES. REPORT des mois antérieurs.		QUANTITÉS DISTRIBUÉES. TOTAUX.		NOMBRE DE RATIONS complètes distribuées pendant le mois (A).		TAUX MOYEN de la ration.
	Gestion directe.	Entreprise.	Gestion directe.	Entreprise.	Gestion directe.	Entreprise.	Gestion directe.	Entreprise.	
1	2	3	4	5	6	7	8	9	10
Foin									Avoine ou orge... k.
Paille..............									Foin..... k.
Avoine ou orge.......									Paille.... k.
Vert, son, etc									
Report des antérieurs.	....	....	....	....	....	....			
Totaux.....	....	....	....	....	....	....			

(1) Faire figurer à la gestion directe, { le pain fabriqué avec des farines de l'administration ; les denrées appartenant à l'administration et distribuées par les entrepreneurs.

(2) Officier d'administration comptable *ou* entrepreneur.

(A) Compte tenu des rectifications des chiffres accusés pour les mois antérieurs.

A , le 189 .

L (2)

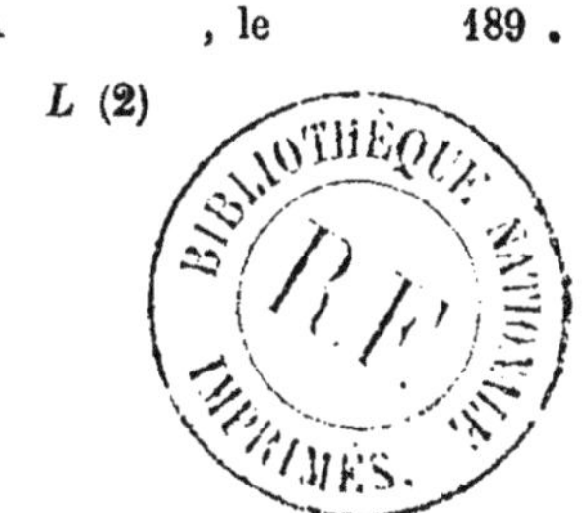

www.ingramcontent.com/pod-product-compliance
Ingram Content Group UK Ltd.
Pitfield, Milton Keynes, MK11 3LW, UK
UKHW022146170726
13837UKWH00004B/1808